आसान सी बातें

सिद्धार्थ बाजपेयी

Made with ♥ on the Notion Press Platform
www.notionpress.com

नीता बाजपेयी के लिए

मेरी कविताओं की सबसे बड़ी चैम्पियन और मेरी हर कविता की पहली पाठिका. एक निष्ठावान अर्धांगिनी के नाते उसने मेरी हर एक कविता को सिर्फ दो श्रेणियों में रखा -अच्छी और बहुत अच्छी!

क्रम-सूची

क्रम-सूची

क्रम-सूची

प्राक्कथन

"अच्छा, आप कवि हैं ?" कुछ कुतूहल और कुछ उपहास से कई लोगों ने कई बार पूछा है.

हर बार मैंने एक ही जवाब दिया - जी नहीं! मैं कवितायें लिखता हूँ पर कवि नहीं हूँ. सच भी यही है.

मैंने पढ़ाई की है भौतिक शास्त्र की और नौकरी एक बैंक की. कवि 'बनने' का विचार आया ही नहीं. जरूर कुछ छुटपुट कविताएं कॉलेज में लिखीं. उन दिनों एक कविता साप्ताहिक हिंदुस्तान में छपी भी, पर फिर बहुत लम्बे अरसे तक कुछ नहीं लिखा. फिर बीस साल बाद एक कविता कादम्बिनी में छपी. फिर लम्बे समय तक कुछ नहीं लिखा. लगभग पंद्रह सालों के अंतराल के बाद कुछ नियमित रूप से कई कवितायें लिखीं जो वागर्थ, सदानीरा, समकालीन भारतीय साहित्य जैसी प्रतिष्ठित पत्रिकाओं में प्रकाशित हुईं. कई कविताएं एक साहित्यिक ट्विटर हैंडल 'पोषम पा' और एक वेब साईट 'हिन्दवी' में भी छपीं. इस संग्रह में ज़्यादातर उन्ही प्रकाशित कविताओं का समावेश है.

कुछ अपनी कविताई के बारे में - व्यक्तिगत रूप से मैं प्रतिबद्ध साहित्य में विश्वास नहीं करता. मेरी कविता सिर्फ जीवन की मामूली बातों के प्रति प्रतिबद्ध है इसलिए इसमें चिड़िया, पेड़, आदमी, प्रेम, तारे, भूख, उदासी आदि का जिक्र आता रहता है.

लिखता तब हूँ जब कविता मुझ पर 'उतरती' है. कोशिश होती है कि शब्द प्रवाह दिल से निकल कर कागज़ पर आये, बिना बुदि्ध से उलझे. भाषा के बारे में मेरा आग्रह है सूक्ष्म संवेदनाएं और जटिल कथ्य भी सरल और सहज शब्दों में ही अभिव्यक्त हों.

एक छोटी सी बात और - कुछ फोटोग्राफी कर लेता हूँ. इस किताब में कविताओं के साथ लगे सभी स्केच दरअसल फोटोग्राफ हैं जिन्हे मैंने ही खींचा है.
बस, यहाँ इतना ही.
शेष बातें मेरी कविताओं में.

सिद्धार्थ बाजपेयी

"मैं नहीं कहना चाहता गूढ़

सूत्र- वाक्यों सी

बड़ी और गंभीर कविताएं

मेरी कविता में रहेंगी बस

मेरी आसान सी बातें"

(इसी संग्रह से)

1. बरगद देखता है

बरगद देखता है एकटक
बादलों को
झूलती जटाएं हटाकर
पत्तों की हज़ार हज़ार आँखों से

पूरा आकाश देखता है
अपलक अहर्निश
पूरी पूरी पृथ्वी को

अकुला कर
अपने प्राणों में
चिड़िया देखती है
घोंसले में चीखती भूख को

घास का हरा तिनका
यकायक
सुधबुध खोकर
देखता है
पूरी देह से
हवा को

मैंने तुमको देखा
ऐसे देखा,
ऐसे देखा

2. बचपन में दुपहरी थी

एक पेड़ था
एक चिड़िया थी
एक तालाब था
तीनो गाँव में थे

चिड़िया गाती थी
चिड़िया पेड़ में थी
पेड़ था तालाब में
तालाब दुपहरी में था
दुपहरी बचपन में थी

घर से तालाब का रास्ता भी
बचपन में था
धूप में चांदी सी चमकती
चिंगरा मछिलयाँ थीं
केकड़े थे
एक बड़ा पत्थर था
पत्थर थोड़ा पानी में था
दुपहरी में पत्थर था

मछली, केकड़े,
पत्थर, तालाब
बचपन में थे
बचपन पत्थर पर था
पानी में पाँव डाले

पेड़ की चिड़िया को
सुनता हुआ,
पेड़ तो हरा था

हरे पेड़, चिड़िया, तालाब
मछली, केकड़े
गरमी की सांय सांय दुपहरी
गाँव में थे
बचपन गाँव में था

फिर बस वहीं रह गया.

3. शब्दार्थ

प्रेम साफ पानी का झरना है
हरे जंगल की ऊँची एकांत पहाड़ी पर
गिरता हुआ
पत्थरों पर बह कर
बदलता हुआ नए पत्तों और सफ़ेद फूलों में

प्रेम एक उदास रेल लाइन है
जो गुज़रती है दूर तक
दोपहर की सांय सांय में
सुरंगों और जंगलों को पार कर
देर रात
नालों और पुलों पर चलती है

प्रेम तेज़ बारिश से धुंधली हुई शाम में
आल्हा का बिखरता आलाप है
जो कोष्टापारा के थके जुलाहे के गले से निकल कर
तिर जाता है हवा में

सुनसान आकाश की चांदनी में
झुन्ड से बिछुड़े
अकेले पाखी की निशब्द यात्रा,

दिसंबर की सर्द रात खाली से बस स्टैंड पर
ठिठुरते यात्री की हठी प्रतीक्षा,

और बार बार दिखना बंद आँखों को भी
एक खिला खिला अमलतास
अरे, वह भी प्रेम है!

• 5 •

4. शिकारी तारे

तीन तारे चमकते हैं
अरायन की बेल्ट में

शिकारी नक्षत्र है,
घूमता है नीले, स्याह नभ में
शाम से अकेला

और अकेला मैं देखता हूं उसे
बेचैन गर्म शामों में
कभी रायपुर यू टी डी के कैंपस से
कभी किसी आंगन से
कभी किसी छत से
किसी रेल की खिड़की से
या चलते चलते सड़क से

सोचता हूं
और जाने कितने होंगे
जो इस शाम देख रहे हैं
इन चमचमाते शिकारी तारों को
अपने एकाकीपन में, सहमे से
कहीं ठिठक कर, उदास से

मगर सुनो, पूरी दुनिया के अकेले लोगों,
इसी समय ठीक
इसी समय मैं भी देख रहा हूं
उन्ही चमकते तारों को
तुम्हारी उदासी के वृत्त के भीतर से ही,
बिलकुल तुम्हारी बगल से,
तुम्हारे अकेलेपन की गवाही में

इस पृथ्वी पर दरअसल, दोस्तों,
एकाकीपन की बोझिल नियति
हम सबकी साझी है

5. स्वस्ति वाचन

धूल भरा आंगन वापस आए
आंगन में मुनगे का पेड़ वापस आए
हम सब भाई बहनों की
सात आठ साल की
खुश उम्र वापस आए

फूले गालों वाली छोटी सी
बहिन वापस आए,
धूल भरे आंगन में चावल के दाने फेंके
जिससे आंगन में गौरैय्या वापस आए

मां बाप जिस उम्र में थे खुश
वो उम्र आए

भूख न आए वापस
ठंड में सिर्फ सूती चादरें न आए
सिर्फ एक जोड़ी कपड़े न आएं
पड़ोस की बिलखती रौताइन का
मरा बेटा वापस आए

अदालत का फैसला
दोस्त के हक में आए
गांव के सूखे तालाब में पानी आए
बिना बात हंसी आए
दुनिया में गौरैय्या वापस आए.

6. आश्वस्त करो

पढ़ा कि ढाई सौ साल पहले बंगाल में
बहुत सारे चावल को बदला रुपयों में
और ले गए उसे
सात समन्दर पार
कुछ व्यापारी
बड़े बड़े जहाजों में

पीछे रह गई एक दारुण
अंतड़ियों को ऐंठने वाली
जानलेवा हिंसक भूख,
जो फैल गई बंगाल के पोखरों, गलियों और देहातों में
एक अशुभ, दुर्गन्धित हवा की तरह

फिर रह गई बस मरणांतक यातना से बचने की
याचना करती
भूख से सूखी
लाखों देहें,

और मुर्शिदाबाद की
हुगली नदी में बहती
पिचके पेटों वालों की
हजारों फूली लाशें,

मैं हुगली के पास हूं अभी
और पूछता हूं
अरे, ये समय क्या है?
भूल गया हूं
बताओ कि ये कौन सा समय है?

बताओ मुझे कि क्या हुगली का पानी
मीठा हो गया अब?

क्या भूख की चित्कार का जहर
साफ हो गया है
मुर्शिदाबाद की हवाओं से?

इन दो-तीन सदियों बाद
क्या वहां की सड़कों से अब नहीं आती
भूख से बिलबिलाती आत्माओं की
दम घोंटू दुर्गंध?

बताओ मुझे कि क्या चावल
अब नहीं बदला जा रहा रुपयों में?
फिर सोने में?
फिर बंदूकों में?

क्या बड़ी बड़ी तिजोरियों में
सात समंदर पार
चावल ले जाने वाले
सारे व्यापारी
अब मर गए हैं?

या अभी भी चलते हैं उनके
बड़े बड़े जहाज
भरे हुए
चावल से बने रुपयों से?

क्या सत्रह सौ सत्तर वाला मुर्शिदाबाद
सचमुच मिट गया है
इस धरती से?
बोलो, बताओ मुझे कि यह इक्कीसवीं सदी है
और चावल अब चावल रहता है

मुझे आश्वस्त करो!

7. तीर्थ

प्यार के झरनों से भीगे पाँव लिए
जिम्मेदारियों की घास के गट्ठर
सर पर रख लेना
रुक कर थोड़ा हँसना
कीचड़ में फिसलने पर

थोड़ा रो लेना
नंगे तलुओं में
कांटे धंस जाने पर

लेकिन जाना बिलकुल अंत तक
टेढ़ी मेढ़ी पगडंडी पर
जाना बिलकुल अंत तक जीवन के,
जीना इन्हीं पगडंडियों पर
यात्रा है
एक कठिन तीर्थ की

8. ईश्वर की हंसी

एक छोटी हरी पत्ती में
छुपा होता है आदिम जंगल का अट्टहास

नदी की बूंदों में चमकता है
हिमालय से बहते
पुराने ग्लेशियर का बर्फीला स्पर्श

सड़क पर पड़े पत्थरों में कैद है
पिघलती विशाल चट्टानों का
सदियों पुराना ताप

अनंत आकाश हिलोरें लेता है
तुम्हारी आँख की पुतली में

घास के फूलों में झलक आती है
यकायक ईश्वर की हंसी!

9. नया सा रंग

जब हँसते हैं नन्हे शिशु
अपनी छोटी छोटी बाँहें फैलाये
पालने में
या फिर
बरसते पानी को देख कर
पलटने की कोशिश में
लुढ़कते हुए

तो दुनिया की शिराओं में बहती
दूध की सारी नदियाँ
धीमे धीमे गाढ़ी और मीठी होने लगती हैं

किसी पार्क की बेंच पर बैठी
दो स्कूली किशोरियों के खिलखिलाने से
पास के बूढ़े पीपल से झर जाती है धूल
चमकने लगते हैं पत्ते उसके

कुछ तन कर खड़ा होने लगता है
वहीँ का ऊँचा गुड़हल भी
और ज़रा सी दूर बहते फव्वारे में
रंगीन रोशनी की चमक बढ़ जाती है, झप से!

थोड़ी बन ठन कर,
संवर कर
शाम की सैर पर आईं
चार अधेड़ गृहणियां
जब बेलौस हंस देती हैं
चलते चलते
किसी भी बात पर,
तो ऑफिस से आते थके आदमियों के
तेज हो जाते है कदम
सूखती आँखों में भरने लगती है चमक
फूलों के रंग गहरा जाते हैं पास की क्यारियों में,

कोई हल्का सा
नया सा रंग बनने लगता है
जो संवारता है आहिस्ता आहिस्ता
बूढी और उदास होती
सृष्टि के चेहरे की
गहराती झुर्रियों को.

10. फिर सुबह

आज फिर सुबह हुई,
थोड़ी देर गुमसुम रही चिड़िया
फिर अचानक अपने छोटे छोटे पंख खोले
और उड़ गयी
बड़े सारे आसमान में,

पेड़ की सबसे नीची डाल से कूदी गिलहरी
और कुतरने लगी कुछ
मुझे बहुत गौर से देखते हुए,

एक पत्ता गिरा
फिर एक नीला सा फूल
फिर जगह बन गयी
नए पत्ते और नए फूल के लिए,
धप्प से गिरा आज का अखबार,

फिर सर्द हवा बही
छूने लगी मेरे गालों को

जैसे तुम छू लेती हो
अपनी आँखों से
कभी कभी

फिर तुम याद आई
फिर सुबह हुई

11. अजनबी अँधेरा

अजनबी शहर में अँधेरा भी अजनबी होता है,
जब डूबने लगते हैं वहां के
पेड़ों के पत्ते गुच्छों गुच्छों में
रात की नदी में
सड़कें धुंधलाने लगती हैं

थोड़ी दूर चल कर गलियाँ जहाँ मुड़ती हैं
वहां दिखता नहीं साफ़ साफ़
तो लगता है
इस नए शहर में
धीरे धीरे फैलती रात
कितनी नयी है मेरे लिए

मेरे यहाँ रात जब घिरती थी
मैं तो पहचान लेता था
अपनी गली के चंपा के पेड़ों को
हर मौसम में
ठीक खोज लेता था
चमकते सप्तर्षि

मुझे मालूम होता था अगला मोड़,
बड़े गड्ढे,
अपने घर की ठीक ठीक दूरी,

सिर्फ सायकल की आवाज़ से पहचान लेता था
पड़ोस के बच्चो को
आसान होता था बहुत अँधेरे में गाने की एक कड़ी
बेझिझक गा लेना

अपने शहर में रात की उदासी
बिलकुल अलग होती है
नए शहर में मुझसे लिपटती
उदास रात से.

12. आँगन का तारा

मुझे देख खिलते नहीं फूल
किसी की आँखों में उसकी तरह,

मुस्कराता नहीं कोई
मुझे मिल कर उसकी अदा से,
झिड़कता नहीं कोई भी
इस जोर से उसके सिवा,
रोता नहीं कोई मेरे दर्द में
उसकी तरह,

कोई नहीं जो इतराता हो
मेरी तारीफ़ से उस जैसे,
और रहे तलाशता जो मेरी आँखों में
हरदम अक्स अपना

जबकि पूरा घर घूमता है
उसके पल्लू से लटक कर,
उसे रहता है याद
कि कब खिला था आखरी मोंगरा
और रंग क्या था लिली का पारसाल,

क्या कहूँ बस एक तारा है
मेरे घर के आँगन में
जो यहाँ उगा, क्यों उगा पता नहीं,

एक झोंका है
सुबह की ठंडी हवा का
यहाँ क्यों बहा पता नहीं,

बंजर पर बरसे पानी सा
उसने मुझे प्यार किया
क्यों किया पता नहीं

13. उपरति

मेरे बच्चों,
कहाँ ले जाऊँगा अपने
छोटे बड़े झूठ,
बाँध दूंगा उन्हें यहीं
घर की चंपा की सबसे छोटी डाल पर

फिर निकालूँगा जेबें उलट कर
कुछ मटमैली पुड़ियाएँ
शब्दों की
भावनाओं की
शर्मिंदा रहा जिन पर आजीवन
बिना खोले डाल दूंगा उनको
नत मस्तक
पास के शिव लिंग से कुछ दूर
जहाँ बहता है पानी उनकी जलहरी का

फिर जाऊंगा तीर्थ पर
धोने अपने दोनों हाथ
उस पागल झरने में
जो बहता है बदरीनाथ के पथरीले रास्ते पर,
कुछ किया और कुछ अनकिया
सब बह जाएगा, शायद, वहीं
हिमालय की तलहटी में,

फिर खोज लूंगा एक ऐसी जगह
जहाँ थोड़ी दूब हो
पास में हो एक घना अलसाया नीम
तब डाल दूंगा
अपना रिक्त मन और
निष्प्राण देह वहाँ,

पर रख लूंगा आखिर -आखिर तक
अपने साथ
थोड़ा स्नेह जो मुझे मिला
थोड़ा प्यार जो मैंने दिया

मेरे बच्चों,
बस थोड़ी देर में
उग जाएंगे
घास के फूल
वहीं पास में
जहां गिर जाऊंगा मैं

14. आसान सी बातें

दाना ले जाती चींटी पर
गिरते भारी जूते को
न रोकना
यूँ ही चलते चलते
आसान होता है,

बिस्तर पर गिर कर सो जाना
अपने आखिरी विचारों को
सपनों में बदले बिना,
मोमिन की ग़ज़ल को
बिना पढ़े ही पन्ना पलट देना,
क्रासिंग पर भीख मांगती
नौ साल की बच्ची को
न देख, देख लेना
कोने के अमलतास को

कठिन दरअस्ल होता नहीं है

जैसे कि लापरवाही से फेंक देना
एक घिसा सिक्का
सड़क के किनारे,

इसी तरह कुछ कुछ
आसान ही होता है
प्यार न करना,

बल्कि काफी आसान,

जैसे छोड़ देना दो घूंट चाय
चीनी की सफ़ेद प्याली में,
जैसे देखना निर्निमेष जेब में डाल कर हाथ
एक अजनबी को,
कि जैसे चल देना भरी सड़क पर
एकदम किनारे किनारे,

कि जैसे नहीं लिखना
एक बिलकुल खाली कागज़ पर प्रेमपत्र

15. रहमत

जब खोली आंख तो दौड़ कर आई नहीं चिंताएं
आगे के दिन की
बाहर खिड़की से चिपका था
एक सलेटी अंधेरा

नीचे नीचे आए हुए
बहुत दूर समुंदरों में बने
भाप के काले बादल
चुपचाप बरस रहे थे
शांत धुंधली सुबह
सुकून से खड़ी थी
सर झुका कर भीगते
दो नीम के पेड़ों के पास

यकायक चमकी एक पीली रोशनी,
टेढ़ी मेढ़ी होती हुई
पानी में भीगे
गली के पत्थरों पर

एक स्कूटर निकला घर से
आहिस्ता आहिस्ता रेंगता हुआ
पीछे की सीट पर सहेजे
दुबके एक नन्हे ढेर को
सब तरफ फड़फड़ाता ढीला रेन कोट
और सामने लटकता एक स्कूली बस्ता

फिर मंद्र स्वर में गूंजी
एक भारी घरघराहट
बारिश चमकने लगी
पीली स्कूल बस की हेडलाइट में

सर कंधों में छुपाए रुका
एक मोटा दूध वाला
अपनी बड़ी मोटर सायकल को टेढ़ा कर कीचड़ में

एक हल्की सी आवाज़ आई दूर से, बारिश में
लगभग गुम सी, एक भीगे परेशान कुत्ते की कातर आवाज

हर बार बेआवाज़ हिला बूंदों की चोट से
मेरी बालकनी में लगा वैजयंती का चमकता पत्ता

बरसते पानी से धुंधली हुई सुबह में लगा
सब ठीक है सृष्टि में
बरस रही है मिट्टी में
खुदा की रहमत

16. छोटू को स्कूल भेजने के लिए

छोटू जब जम्हाई लेता है
सवेरे सूरज दादा हड़बड़ी में
हटाने लगते हैं
जल्दी से अँधेरे का लिहाफ
क्योंकि छोटू को स्कूल जाना है
उनको करना है सवेरा छोटू के लिए

दो कबूतर और चार चिड़ियाएं
चहचहाने लगतीं हैं
खिड़की के पास
जाना है उनको टिफिन लेने
बच्चों के लिए
पर आवाज़ दे कर छोटू को
उठाना भी जरुरी है

बस्ता, टिफिन और पानी की बोतल ले कर
जब निकलता है छोटू
अचानक पूरा आसमान नीला हो जाता है
और सारे पेड़ हरे
जमीन जो भीगी थी ओस से रात में
नरम हो जाती है छोटू के लिए

स्कूल का बस स्टॉप सज जाता है गुलदस्ते सा
बहुत सारे छोटुओं से,
हँसते. रोते या चुपचाप खड़े छोटू,

खिल उठती है पूरी सृष्टि
छोटू को स्कूल भेजने के लिए

17. प्रेम पर, गुरबत पर,दर्द पर

जहाँ खत्म हुई हैं सारी कविताएँ
ठगा सा खड़ा हूँ कि, अरे!
प्रेम में मिले छल की दारुण यातना
तो अभी भी हुई नहीं बयाँ,

गीतों में तो गाया नहीं किसी ने
भरे गले से
कि आखेट में तो शामिल है निर्दोष हत्या,

कहा ही नहीं किसी ने
अभी रात के तीसरे पहर का कोई गीत
जो सहला दे
छटपटाती
नीम पागल आत्मा की
नींद -उड़ी बेचैनी को
और ले चले
उसकी भटकती यात्राओं को
एक सुरक्षित पगडंडी में

उस इंतज़ार पर,
जो जोहता हो बाट बिना बोले
और फिर हो जाता हो हताश
तीसरे वक्त भी
खाना न मिलने पर,

मिली नही कोई
बहुत ढाढस देती
या साथ बैठ रो देती कविता

नंगे पाँव स्कूल जाते बच्चों के तलुवों पर
अचानक पूरी तरह धंस जाने वाले
मोटे काले कांटो की बातें
तो अभी आईं ही नहीं गीतों मे

इसलिए
अभी भी बचीं हैं
बहुत सी कविताएं
ढेरों ढेरों
अनकही कवितायें
भले ही सब कुछ कह दिया गया है
प्रेम पर, गुरबत पर, दर्द पर

18. धूप में पकना

जैसे मेड़ के किनारे पड़ी बंजर सी ज़मीन
जिसमें बस दरारें और धूल

एक दिन
पता ही नहीं चला
उगे हरे पौधे उसमें
जैसे नया नया नाज़ुक धान

बहुत दिन रहे हरे
फिर कब आया बालियों में कच्चा दूध,
सोना बना,
बालियां पकी

पता ही नहीं चला
उम्र की धूप में तपता हमारा प्यार
जीवन के बंजर में
कैसे पका!

19. बहुत नहीं

बहुत नहीं, बस एक फांक चाहिए
प्रथमा के चाँद की,
और झुटपुटे में ठीक उसके ऊपर
टिमटिमाता छोटा सा तारा

बस जितनी बच सकती है
सूरज के उगने से ठीक पहले
घास के एक तिनके पर ओस
उतना सा प्यार

रौशनी से पारदर्शी से होते हुए पीपल के नए पत्तों को
पार्क में बैठ
देख लेने की घड़ी भर की फुरसत

थोड़ी सी, मुझे देख
आँखों में ही आई मुस्कराहट
(जो भले गुम हो गई हो वहीं)

बारबार नहीं
बस एक बार
चाहे पूरे जीवन में एक बार,
बिस्तर की सलवटें ठीक करते
या पौधों में पानी डालते
कह दो बेखयाली में
'नहीं, तुम अच्छे आदमी हो'

ज्यादा नहीं, बस पृथ्वी का एक छोटा हरा कोना
जहाँ आती हो फूल चुहकी
गुलाबी फूलों वाले उसी पेड़ पर
जिसके नीचे बैठा हूं मैं

थोड़ी सी देर के लिए.
बिजली कौंध जाये बस उतनी देर
चाहिए पूरा आकाश मेरे अन्दर

20. कुछ भी होता नहीं व्यर्थ

कुछ भी होता नहीं व्यर्थ
एक फूल चुहकी चिड़िया का
फुर्र से आकर बैठ जाना बिजली के तार पर,

एक छोटे बच्चे का लिफ्ट के बंद होते दरवाजे से
अचानक
मुस्करा कर हाथ हिलाना,
या बांस के झुरमुट से निकलना
हवा का सरसरा कर,

मरीना बीच पर भूखों को खोज
खाना बांटते जवान बच्चों का पसीना,
या फिर भेज देना
एक सही किक से एक भटकी फुटबाल
घबरा कर दौड़ती नन्ही बच्ची तक वापस,

दर्ज हो जाता है सब कुछ नज़ाकत से
सृष्टि की अनवरत बनती
एक विशाल पेंटिंग पर
उसी प्रेम और करुणा से
जिससे छपती है उसमें
मजलूमों की अकुलाहट
गहरी और गुम चोटों का दर्द
और चाह कर भी कुछ न कर पाने की
मरणांतक यातना

दर्ज होता है सब कुछ वहां
कायम के लिए
कुछ भी होता नहीं विस्मृत

21. इतने समन्दर

इतने समन्दर इतने जहाज
इतने बादल, इतने तारे

इतने देश, इतने लोग
इतने फूल, इतनी सांसें

इतने दिल, मेरी सांसे
मेरा दिल,
निपट अकेला

निपट अकेला
बिना तुम्हारे
बिना तुम्हारे, बिना तुम्हारे

22. मेरे देखने से

मैंने देखा
तो नीला हो गया आकाश,
झूमने लगे पीपल के चमकते हरे पत्ते

मैंने देखा
तो सफेद बर्फ से ढंका भव्य पहाड़
एकदम से उग आया
क्षितिज पर

मैंने देखा
तो चमकने लगी
तुम्हारी हंसी

मैंने देखा
तो उसी क्षण
दुनिया सुंदर हुई

मैंने देखा
तो उसी क्षण
मैं सुंदर हुआ!

23. एक पठार पर

तुम कैसे लिखोगे कोई कविता
प्रेम में असफल लड़के पर,
उसकी चमकती आंखों में यकायक बुझे
तारों का अंधेरा
और उसके लंबे सधे डगों की
डगमगाहट
तुमको दिखेगी ही नहीं
अगर तुम देखने लगोगे उसे
ऐन सामने से

पर्स के आखिरी रुपयों से खरीदे गुलदस्ते
और बहुत सोच कर खरीदे
छोटे छोटे तोहफों में छुपे उसके नर्म गीत
तुम सुन नहीं पाओगे, कवि
क्योंकि बोल कर तो वह गाता नहीं था
सोचकर हंसता भी नहीं था तब
बस दमकता था अपनी खुशी में उन दिनों,
दिन रात,

तुम ने अगर सुन ली हो कभी,
देर रात की निस्तब्धता में
किसी लापरवाह एड़ी से कुचले
हरसिंगार के फूलों की धीमी,
घुटी कराह,

जो दबाते दबाते भी निकल पड़ी हो,
भींचे हुए होंठों से
हां, तो तुम लिख लोगे एक कविता
उस लड़के पर,
जो अब गाता नहीं कुछ दिनों से

लेकिन अगर तुमने कोशिश की पढ़ने की,
कुछ भी,
उसके चेहरे पर,
तो सिर्फ एक गीला पठार दिखेगा वहां
और तुम कैसे लिखोगे कोई कविता
एक पठार पर?

24. ईश्वर की आंखें

क्या रह जाता है मृत्यु के बाद
जब पार हो जाती है देहरी
जीवितों और मृतों के बीच?

क्या तब पार हो जाएंगी सारी
सुबहें और रातें भी?
रह क्या जाएगा
सांसों के उस पार?
क्या देख कर नहीं पहचान पाऊंगा
मैं, जिसकी बंद हो चुकी हैं सांसे,
उन लोगों को, जो सांसे लेते हैं?

क्या मेरे बोलने पर भी कोई समझेगा
मेरी भाषा
जीवितों के संसार में?

एक अटूट कांच की
अनंत दीवार के उस पार
मृत मैं, सब देखता हुआ

और इधर जीवित दुनिया,
अभेद्य कांच के इस पार,
अंधों सी,
मुझे न देखती हुई!

एक टपकते नल से
अंततः किसी एक क्षण
पूरा पानी बह जाने की तरह
रीते हुए नाम, पते
और आवाजों के सारे अर्थ
धूल मिट्टी हो जाने पर
क्या बचेगी नहीं प्यार की ऊष्मा,
जो कभी मैंने दी
और जो कभी मुझे मिली?

सब खो जाने पर भी
क्या आंच नहीं आएगी उस प्यार की
शरीरी और अशरीरि की
दुर्गम, निर्मम सीमाओं को भेद कर?

क्योंकि आखिर में
प्रेम ही तो दहकता है चिताओं के
अवशेषों में,
धुएं में और हाड़ के अंगारों में,
प्रेम ही तो बचता है

अगर जल जाए देह के साथ
पूरी तरह प्रेम भी
तो क्या गीली नहीं होंगी
ईश्वर की आंखें?

25. जो तुमसे प्रेम करे

वह जो तुमसे प्रेम करे दोस्त,
उससे सुंदर कोई फूल नहीं होता,
खिला ही नहीं होता कहीं
पूरी सृष्टि में,

कोई सुगंध ही नहीं होती
जो कर दे मदमस्त प्राणों को,
बनी ही नहीं होती,

कोई होता नहीं आत्मा को अंदर तक
भिगो देने वाला बेहतर संगीत
किसी भी सरोद या सितार में
उससे बढ़ कर,

अगर होता है कोई
फूल,सुगंध या संगीत ऐसा

तो दोस्त,
तुम अभागे हो

26. एक मामूली आदमी होता था पिता

एक खूंटी होता था पिता
जिस पर टांग देते थे
हम अपने सपने
जो रहते थे उस पर उधार
और हमें सिर्फ उससे हिसाब लेना था

एक दरवाजा होता था पिता
जिसके पीछे खड़े हो जाते थे हम
जब तब भाग कर,
दुनिया से निपटना
उसका ही काम था

कांच के घर में
एक लाचार प्राणी होता था पिता
जिसके न छिप सकने वाले ऐबों को
और उसके बेहद मामूली झूठों को
लगातार देखते रहते थे हम
बेरहमी से,
मन में दोहराते हुए
कि ऐसा तो नहीं बनना हमें

पर बाद में, काफी बाद में
समझा कि एक मामूली आदमी होता था पिता
दरअसल, बिल्कुल जैसे होते हैं हम तुम
या सड़क चलता कोई भी आदमी,

जो प्यार करता है अपने बच्चों से
भरसक प्यार करता है

बिल्कुल जैसे करते हैं हम तुम

27. ईश्वर का जादू

थोड़ा शिशुओं में,
थोड़ा स्त्रियों में,
थोड़ा चिड़ियों में,
थोड़ा पानी की लहरों में,
और थोड़ा नीले आकाश में
जब डाल चुका होता ईश्वर
अपना जादू
थोड़ा थोड़ा
तो क्या खाली हो जाता है पूरा?

तो क्या इसीलिए हो जाती हैं
भरे चौराहों पर इत्मीनान से हत्याएं,
और नन्हे बच्चों की आराम से खरीद फरोख्त?

तो क्या इसीलिए देखता रहा असहाय ईश्वर
रासायनिक विष में घुली भोपाल की रात
और जिंदा आदमियों को भट्टियों में
भाप बना देने वाली
आशविट्ज और डाकाऊ की फैक्ट्रियां?

28. सूखे पेड़ों की कविता

नीले आकाश के नीचे
खड़े सूखे पेड़ों में
मुझे एक कविता दिखती है

सैकड़ों बांहों से थामते हुए
नरम पत्तियों और रंगीन फूलों को
उनके हाथ अब हो चले है कृशकाय,
बदरंग, बस टूटने को हैं,
सूख ही गए हैं बिल्कुल

तिनकों तिनकों से बने कुछ घोसलें
जरा से अरझे हुए हैं,
थोड़ी मजबूत और थोड़ी पतली शाखों के बीच,
कोई छोटे छोटे परिवार थे यहां
छोटी चिड़ियों के,
अब उड़ गये हैं

इन्हीं सूखी डालों और तिनकों से लिखी है एक कविता
कुछ कुछ रीते, छीजते हुए पेड़ों ने
तुम भी पढ़ सकते हो इसे
बस पलट कर देखो जरा गौर से

धूल भरी गर्म सड़कों पर
ठेला खींचते सफेद मूंछों वाले बूढ़े को
जमीन पर बैठ
सब्जी बेचती, सूख कर काली हुई
कोचनिन को

अपनी मां के झुर्री भरे दोनों सूखे हाथों को

29. कोविड से गुजरते हुए

मैं वसंत के ख्वाबों में सोया हूं
फूलों के खिलने का एक संगीत होता है
जो जगा देगा मुझे अपने आप

सूखे पत्तों की चादरें
जो गिरी हुई हैं मुझ पर
तब मखमल सी हो जाएंगी

बहुत मीठा आलस होगा
जब धीरे धीरे खोलूंगा पलकें
पारिजात दिखेंगे,
कोयल बोलेगी,
मेरे नंगे तलवों के नीचे
हरी घास होगी

आंखे खुलेंगी पूरी
तब गायब हो जाएंगी
सुनसान गलियां,
गुमसुम हुए बच्चों की भोली नाराज़गी,

वो मनहूस उदासी जिसका जंग लग गया है
बच्चों की छोटी साईकलों पर
और वो चिंता का तीखा एसिड
जो छा रहा है हर मां बाप की जीभ पर

सच कहता हूं,
सब गायब हो जाएगा

सच कहता हूं
वसंत आएगा

30. ईश्वर पर प्यार आया

अल सुबह,
एकदम शांत है सुबह
कॉलोनी में सन्नाटा है
मैं उठ कर बाहर खड़ा हूं

घर के हरे पेड़ के चमकते पत्तों पर
पानी बरस रहा है
सृष्टि की सर्वव्यापी
खाली जगहों में
एक समरस आदिम संगीत बज रहा है

गमलों में साफ पानी
बहुत ऊपर तक भर आया है
कल जो डाले थे धनिया के बीज
उगने लगे हैं छोटे छोटे पौधों से,
रातरानी की छोटी कलम में
फूटा है एक बहुत छोटा नाज़ुक, प्यारा पत्ता

इस बरसाती ख़ामोशी में
गुड़हल के चटख लाल,
मोंगरे के धुले, सफेद फूलों
और मेरे पेड़ के चमकीले गीले, हरे पत्तों से
कोई बात चल रही है मेरी
मन ही मन,
सांसों सांसों में
एक मीठे राग में

सहसा मुझे
ईश्वर पर प्यार आया

31. पहाड़ों के पीछे पहाड़

पहाड़ों के पीछे पहाड़
पहाड़ों के पीछे पहाड़
चले जाते हैं क्षितिज तक
धीमे धीमे रंग बदलते
पहले हरे, फिर नीले
फिर हलके नीले
फिर गुम हो जाते हैं
बादलों में,
आकाश में,

कुछ पता नहीं चलता
कि ऐन आखिरी पहाड़ है कैसा

क्या उगता है उस पर,
कौन सी चिड़िया आती है वहां सर्दियों में,
रात में कैसा दिखता है
उसका फूलों, झरनों और पत्तियों से ढंका चेहरा
क्या कोई गाता है वहां
गिटार पर कैंप फायर के पास?

क्या होता है वहां बारिश में
जहां जाती नहीं नजर?

कैसे चमकते होंगे उसके पत्थर
मई की धूप में?

उस आखिरी पहाड़ को सोचता हूं
फिर तुम्हें सोचता हूं

32. अफ्रीका से कविता

बहुत पहले
लाखों साल पहले
अफ्रीका के घने जंगलों में
पहली मां ने गाया था एक गीत
अपने एक बेचैन शिशु के लिए
जो सो नहीं रहा था
रात की डरावनी और क्रूर आवाज़ों से घबरा कर

पर पता नहीं कैसे
मां की पतली मीठी आवाज़ में दब गईं सारी हिंसक ध्वनियां
और बोझिल आंखों से बच्चे ने मां को देखा
फिर सो गया निश्चिंत हो कर उसके कंधे पर

फिर गुजरते गए साल, दशक, शताब्दियाँ, सहस्त्राब्दियां
वह गीत तैरता रहा हवा में
गायब हुआ नहीं
गल्फ स्ट्रीम, चक्रवातों और भाप भरी व्यापारी हवाओं से
फैलता रहा सब ओर,

फिर सभी महाद्वीपों में, द्वीपों में, सागरों और पहाड़ों में
गाने लगीं लाखों लाखों माएं कविताएं
गढ़ गढ़ कर
अपने रोते हुए शिशुओं के लिए
भाषा के ईज़ाद होने से बहुत पहले

कविता तो जन्मती ही ऐसे है
प्रेम से,
भाषा से परे,
बहते आंसुओं को पोंछने के लिए,
सिर पर हाथ रख दुलराने के लिए,
सीने से चिपका कर अभय करने के लिए

कविताएं यूं ही तो लिखी जाती हैं

33. बेटे के लिए

बहुत डर लगता है मुझे बेटे के लिए
छोटा है अभी
देख नहीं पाता दुनिया
बावजूद खुली आँखों के

समझता नहीं है फ़र्क
आग और पानी में
दोस्त और दुश्मन में
सुन कर भी नहीं जान पाता
मीठे शब्दों का जहर

भाग्यशाली है
कि वह मुस्कुराता नहीं
किसी को बेवजह खुश करने को
रो देता है दुखी होने पर
और चिल्लाता है गुस्से में
छिपाना जो जानता नहीं कुछ मेरा बेटा
तो मुझे डर लगता है

डर भी छिपाना होता है
और प्यार भी
कैसे बताऊँ उसे
कि मुस्कराते चेहरे हमेशा दोस्त नहीं होते
हर बढ़ा हाथ सहलाने के लिए ही नहीं होता

दुनिया बोलती बहुत है
बेटा निशब्द है,चुप है, किस्मत वाला है

हर बोले शब्द के तीन अर्थ होते हैं
दो बुरे और एक निरर्थक
खोजनी पड़ती है हर चीज़
शांति, प्यार और अर्थ
घास के ढेर में सुई की तरह
बेटे को मालूम ही नहीं कुछ भी
मगन है
अनजान है कि भोपाल
बेहद करीब है
और हिरोशिमा भी ज्यादा दूर नहीं

बारूद, बंदूकें और गोलियां
बनती हैं धड़ाधड़
असेम्बली लाइन से निकलती हर मशीन गन
मुझे सपने में दिखती है

हवा में, सड़क पर या पानी में
हर एक्सीडेंट पर चौंक जाता हूँ मैं
अखबार फेंक टटोलता हूँ पालने को, बेटे को
हर बार
कैसे कहूं उसे कि दुनिया अच्छी जगह नहीं
नवजात शिशुओं के लिए

बेटा मुस्कुराता है
मुझे बहुत डर लगता है

34. कोई सुबह है

कोई सुबह है
किसी भी सुबह की तरह
वासंती सन्नाटा
गहरा है

अचानक कोयल बोली प्राणों को बेधती हुई
कलेजे में उठी हूक की तरह,
मैंने सुना तुम मर गए
गई रात

मुझे क्या फर्क पड़ता है
कि तुम दुनिया में सबसे सुंदर थे
या सबसे जहीन

या सबसे अमीर
या थे बेतहाशा कुरूप
और जाहिल

आखिर मैं भी तो मरूंगा
ठीक तुम्हारी तरह
एक दिन, वैसी ही पीड़ा से
क्या फर्क पड़ता है?

पर क्या तुम कभी बोले थे
उस कोयल की तरह
प्रेम की कौंधती आकुल याचना में?
या बहुत ज़ोर से आती रुलाई को
दबाने वाली सिसकी तरह?

या गुनगुनाया था कोई गीत एकांत में फैली
पारिजात की नामालूम
सुगंध की तरह?

अगर हां,
तो उससे फर्क पड़ता है
मुझे, और
मेरे चारों ओर फैली
पत्थर की तरह
सख्त होती दुनिया को

35. भूलना यूं होता है?

भूलना यूं होता है
जैसे पुराने मकान के
उस आरामदेह कोने को,
बिल्कुल न पहचानना
जहां तुम बचपन में
किताबें पढ़ते थे
घंटों, घुस कर

भूलना यूं भी होता है
कि गांव के तालाब के
कीचड़ भरे किनारे पर झुके
मोटे पेड़ पर छाई पत्तियों की गंध,
बहुत कोशिश करने पर भी
याद न आये

और यूं भी कि
पहचान ही न पाओ
उस कॉपरस्मिथ बार्बेट की आवाज़
शाम की चहचहाहट में,
जिसे तुम खूब ढूंढ़ते थे
हुमक कर
गरमी की अमराइयों में

गुम चोटों की मार,
और बहुत से सूखे आंसू तो
यूं भी घुल जाते हैं सुबह की हवा में

पर पिछली सर्दी के गुलाब,
सिर्फ तुम्हारे लिए ही गाए गए गीत,
और तुम्हारे सामने ही
एक घायल कबूतर को
खाने के लिए
पकड़ कर ले जाते
बहेलिए की हिंसक आंखों का रंग
याद न आना!!

क्या भूलना ऐसा होता है?

36. आज सुबह ही

आज सुबह ही
मिट्टी खोदी
घास उखाड़ी
पानी डाला

सुबह सुबह की धूप देख कर
सही जगह पर कलम लगाई
खीझ रहा था कई दिनों से
मन के भीतर
इस जीवन पर
अस्थिर हो कर घूम रहा था कमरे कमरे
कलम लगा कर लेकिन सहसा ठहर गया मैं

लगा देखने
भीगा पौधा
धूप देखता
मिट्टी देखी
पानी देखा

खड़ा रहा मैं मुग्ध देर तक
कब फूटेंगे इसमें पत्ते
रहा सोचता रुका हुआ मैं

सुबह सुबह मैंने मिट्टी में
जीवन बोया
खुशियां बोई
सपना बोया

सुबह सुबह सींचा था मैंने
अपने मन को

37. पृथ्वी की अंगड़ाई

सर्दियों की सुबह है
मुंह अंधेरे सन्नाटे में
सुनाई देती है
कानों में अपने ही रक्त की आवाज़,

कमरों में रात की
बासी गरम हवा और नींद की परतों को चीरती
लुहार के हथौड़े सी
निर्मम लय में
गूंज रही है घड़ी

एक नए अचिन्हित राग का
अस्फुट आलाप हो रहा है
चाय के गरम होते पानी में

फिर आती है सिर्फ एक सूखे पत्ते के
सीमेंट की सड़क पर बेमन से लुढ़कने की
थकी सी आवाज,

फिर नींद में डूबे
घर की गहरी गहरी सांसे,
और दिल की गर्म धक धक

दरअसल सब शांत था आज अपने अंदर,
सुबह सुबह
तो बाहर
पूरी पृथ्वी की अंगड़ाई सुनाई दी

38. ब्रह्मा की सृष्टि

गरम और स्वादिष्ट भोजन
के लगातार जाते कौरों में
जब उतर जाता है
आखिरी निवाला
हलक से,
तब!

माघ की हाड़ कंपकपाने वाली बेहद ठंडी रातों में
नरम और महंगी रजाई से लिपटा
जब डूबने लगता हूं
एक सुरक्षित, ऊष्मा से भरी नींद में
तब!

या फिर खरीद लिए हों
कीमती आरामदेह जूते
लापरवाही से
एक प्लास्टिक कार्ड घिस कर
तब!

तब और तभी,
उसके बाद ही,

याद आती है
ब्रह्मा की सृष्टि

जहां अभी भी पिचके खाली पेट,
कांपती हाड़ों वाली देह,
और फटे नंगे पांवों को समेटे
एक बहुत बड़ा हुजूम चला जा रहा है
एक समानांतर दुनिया में

हमसे अनंत दूरी पर

39. छोटी चिड़िया

सबेरे सबेरे कुछ कह रही थी छोटी चिड़िया
गली सूनी थी,
सूरज चढ़ा नहीं था
कोई स्तवन था
किसी देवता का?
जो भरपूर देता हो अन्न और भोज्य
अपनी स्तुति से प्रसन्न हो कर?

या जाते जाते दिन भर के लिए
लंबी लंबी सावधानियों की
फेहरिस्त समझा रही थी घोंसले में छिपे चूजों को?
'निकलना नहीं मेरे आने तक',
बार बार दोहरा रही थी, 'मेरे आने तक'?

(या फिर हम समझ ही नहीं पा रहे थे)

शायद हर सुबह
उसकी राह में हर रोज
एक खूंखार बाज झपटता है
उससे हर बार बचना है
वापस आना है
जीना है दूसरे दिन के लिए,

हर रोज जीने के डर को दूर करने का
क्या कोई गीत गा रही थी छोटी चिड़िया?

40. दस्तक

जब छूटेगा तो किनारे छूटेंगे
नदी और नाव छूटेंगे
खरीदी जमीन और बना मकान छूटेगा

शतरंज के बोर्ड पर रुक जाएंगे
सारे मोहरे जहां के तहां
यकायक ठिठक कर
हमेशा के लिए

सारी सोची हुई चालें
सारे मिडल गेम, एंड गेम
आठ आठ घर के आगे की चालें
धरी रह जायेगी

सारी प्रशस्तियां,
अंक सूचियां, पासपोर्ट,
नाम और जन्मतिथि
अचानक बदल जायेंगे
निरर्थक ढेरों में

मृत्यु की एक दस्तक से

41. दार्शनिक हेरक्लाइटस की कविता

हम उतर नहीं सकते उसी नदी में दूसरी बार!
कहा हेरक्लाइटस ने
क्योंकि नदी जो थी पहली बार,
बह चुकी होती है
पूरी की पूरी खारे महासागरों में

यानि हम जो थे तब,
लहरों में डुबकी लगाते हुए पहली बार,
उम्र के गुजरे लम्हों के साथ गुजरते हुए
सारे नक्षत्र, सूर्य और
आकाशगंगाओं के साथ,
जहाँ थे वहां से
बढ़ चुके होते हैं कुछ दूर
अपनी अनंत यात्रा में
पृथ्वी सहित,
दूसरी बार में

यानि हवाएं जो बह रही थी
हमारी तप्त सांसों में,
नदी से नीले आकाश को छूते हुए पहली बारी में,

दुबारा तक कहीं दूर जा चुकीं होती है
साइबेरिया के, सहारा के
या पंपास के बियाबानों में

तो अब दूसरी बार तुम्हे चूमते हुए सोचता हूँ
हम जो थे
नदी की अनवरत बहती धारों में
पहली पहली बारों में
अब कहाँ हैं?

अब कौन हो तुम
कौन हूँ मैं
इस दूसरी बार में?

42. झील के कागज़ पर

एक दिन लिखूंगा खत तुमको
झील के कागज़ पर
हरफ़ होगा हर रोशनी का
इबारत छुअन होगी
सुबह भीगी ओस की

खत से आएगी उड़ कर
झील की हवा
लहराएगा खत मेरा
बंशी की धुन सा

अब मिली हो तुम
तो ये कहना है

कि एक दिन खिलेंगे कमल
इस झील में
तब चुन कर सजाना है
झील के कागज़ को
लिखूंगा फिर तुमको

छू लेना
पढ़ लेना.

43. रोमन मछुआरे

अठारह सौ साल पहले
लेप्टिस मैग्ना* के एक मोज़ेक में बने थे
अधनंगे रोमन मछुआरे
लंगोटियों में
चिंतित, एकाग्र चेहरे
मजबूत हाथ, जाल की उछाल,
स्थिर, धैर्यमूर्ति

फिर इस साल देखे मैंने
मेरे गांव के मटमैले तालाब में
कीचड़ पानी से सने
मछली मारते
काले दुबले
गंभीर मछुआरे

वैसी ही लंगोटियो में
वैसे ही उघड़े बदन
वैसे ही जालों में
वैसी ही पेट पालने की चिंता में
एकाग्र

तो सारे स्तूप, मीनारें, उपग्रह
नरमेध की पूजा से ले कर
रिलेटिविटी के विज्ञान तक,
याने बीते अठारह सौ साल में
जो भी बदला होमो सैपियंस के जीवन में
यकायक गायब हुआ मेरी आँखों के सामने

बस दिखते रहे
मेरे गांव के मटमैले तालाब में
मछली मारते
काले दुबले
अठारह सौ साल पुराने
रोमन मछुआरे!

*प्राचीन लीबिया का एक शहर

44. दोस्त था

दोस्त था
बस एक ही था

पहली जासूसी किताब
पहला पान
पहला झगड़ा
पहला इश्क
सब साझा था

बांटता था
अपने दुख उससे
बिना बोले
और बिना बोले समझता था
उसकी घुटन और उसके सपने

उससे पैसे ले कर कर्ज
कोई बोझ नहीं होता था दिल पर
और देता तो कुछ नहीं था उसे

फक्त एक ही था
जिसके सामने रो सकूँ मैं
इसलिए जब मरा वह
तो रोया नहीं मैं

जब खबर सुनी उसके मरने की
आधा चांद आकाश में था
फिर आकाश से चांद गायब हुआ
मैं अकेला था बालकनी में

रात में
आकाश में
दुनिया में
मैं अकेला था

45. जीवन अच्छा लगा

एक फूल चुहकी तन्मयता से
रस चूस रही थी
अमलतास की सुनहरी झालरों से
उसे देखा रास्ते में रुक कर
काफी देर

एक बारिश की सुबह
टहलते हुए
कदंब के पेड़ो के नीचे
खड़े हो कर
गहरी गहरी सांसे खींची
भरी अपने प्राणों में,
वह मदहोश गंध
बार बार

अपनी क्यारी में लगे पेड़ पर
आया चंपा का पहला
कोमल सफेद फूल
उसे देखा

फिर ट्रेक करते हुए
एक पहाड़ी गांव की
तीन खिलखिलाती
शर्माती नन्ही बच्चियों ने
टॉफियां मांगी, मैं भी हंसा

प्राणों का स्पंदन जागा
सभी कोशिकाओं में तब तब
पिछले दस बीस सालों में
तब तब जीवन बहुत अच्छा लगा

46. मीठा स्वाद

पोथियां, कविताएं और ढेरों गजलें
जब पढ़ ली इश्क की उम्र भर
तो सोचता रहा
क्या किया है प्यार ऐसे कभी मुझे किसी ने
जैसा लिखा था इन इबारतों में सजा कर
नाजुक और महीन लफ्जो में?

भीनी सी इतर की खुशबू
कभी आई नहीं उसके खतों में
मिली कभी नहीं कोई शायरी,
वो तो सिर्फ लिखती थी मैं आ रही हूं जल्दी
बर्तन मत जला देना

और फिर बाहर से घर आ कर पूछना
पहला गैर रूमानी सवाल
भूख लगी है?

ये तो थी नहीं
गजलों वाली,
मेरी तलाशों वाली
रूमानी मुहब्बत

फिर एक दिन देखे मैने उसकी आँखों में अटके
दो चमकते आंसू
जो थे सिर्फ और सिर्फ मेरे लिए
मेरे दर्द के लिए

और तब आया तेज,
बहुत तेज
कविताओं वाले इश्क का
मीठा स्वाद.

47. कौन सी थी मेरी मातृभाषा

कौन सी थी मेरी मातृभाषा?
आंगन के किनारे
उगे टमाटर के हरे पौधों में अचानक
एक लाल टमाटर देख मैने कहा पहली बार
"अरे!" जिस तोतली भाषा में
वह?

या फिर सारे सपने देखे जिस भाषा में
एक अल्हड़ और मूर्ख सी उम्र में, वह?

जिस भाषा में खेलते कूदते
लड़ लेते थे हम छोटे छोटे दोस्त
या जिस भाषा में लिखी कविताएं
और लिखे प्रेम के कच्चे पक्के संदेसे,
वह?

पर आह,
सच में तो
मेरी मातृभाषा वह थी
जिसमें मेरी मां रोती थी कभी कभी
चुपचाप
अकेले में

48. एक जरूरी सवाल

थोड़े ही दिनों की बात है
उसी में सिमट जायेंगे सब

और दिन भी जल्दी बीत जायेंगे
बहुत सी जरूरी बातें और बहुत से जरूरी काम
किए या नहीं किए
हवा के झोंके से गुजरते समय में
याद होगा क्या किसी को?

पर एक बार अंतहीन अज्ञात अंधेरे में
पैर बढ़ जाने के पहले
याद से पूछना है खुद से कि
कभी किसी और के लिए भी
क्या गीली हुई मेरी आँखें?

भूलना नहीं,यह एक जरूरी सवाल है.

49. मैं नहीं कहना चाहता...

मैं नहीं कहना चाहता गूढ़
सूत्र- वाक्यों सी
बड़ी और गंभीर कविताएं
मेरी कविता में रहेंगी बस
मेरी आसान सी बातें

जैसे सुबह आंखें खुलने और न खुलने के बीच
दो लोकों के मध्य तैरती उतराती
वासंती हवा में बहती
विंड चाइम की ध्वनियां,

महीनों गायब रह कर
मेरे पेड़ पर अचानक लौटे
बारबेट पाखी की गुदगुदी करने वाली
बेचैन आवाज,

मुंह अंधेरे चाय बनाते पिता की
दबे पांव चलने की कोशिश,

एक खिलखिलाते बच्चे की हंसी,
एक सतरंगी धूप की किरण
जो छिटकी थी
तुम्हारी नाक की लौंग से,
बेपरवाह

और वह सब भी जिसमें
जीवन धड़कता है
हमारे आस पास
प्रेम में,
भूख में,
लाचारी में,

हमारे तुम्हारे चुपचाप बहे आंसुओं में,
मुझमें तुममें,
बारहमासा

50. बीहड़ यात्रा

नदी के लम्बे रास्ते में कितनी अकेली होती है नदी
किसी दूसरी नदी के मिलने तक

फिर कोई तो होता है सुनने के लिए
बियाबान के, जंगलों के
सफर के किस्से,
छोटी डोंगियो और बड़े जहाजों के किस्से

फिर कहने के लिए
कि निपट एकाकी शामों में सुंदर सूर्यास्त भी
कैसा मनहूस लगा
और चट्टानों से, पहाड़ों से खीझ कर कूदने की बातें
झुटपुटे में पानी पीते शेरों के बड़े जबड़े
बहुत पास से देख लेने के किस्से

सुनते सुनाते,
बांटते बताते नदियां
कितनी घुलने लगती हैं एक दूसरे में!
देख लो चाहे संगम में, रुद्रप्रयाग में
या एक लम्बे से वैवाहिक जीवन में
बांटने से, मिलने से
कितनी हल्की हो जाती है एक बीहड़ यात्रा

51. सिर्फ एक दिन में

सिर्फ एक दिन में
इतना समय मिले
एक ऊंचे पेड़ से गिरते एक सूखे पत्ते को
देख लूं खड़े हो कर
गिरते हुए
फुनगी से जमीन तक

फिर रुका रहूं
दूसरे पत्ते के लहरा कर
गिरने के इंतजार में

एक गिलहरी का पूरा
बेचैन सा भ्रमण देखता रहूं
अपने घर के पेड़ पर
तने से डाल पर
फिर वापस तने पर

सूखती चंपा की डालों से
बिना हड़बड़ी देखता रहूं
वसंत का नीला आकाश
पार्क की बेंच पर टिक कर

इतना समय मिले
कि खंगालता रहूं मन को
बिना किसी घबराहट के
घास देखते हुए
धूप सेंकते हुए

बैठ कर तुम्हारे साथ
तीन कप चाय पीता रहूं धीरे धीरे
एक के बाद एक
सुबह दस बजे तक

सिर्फ एक दिन में
इतने से समय में
जीवन कितना भर जाएगा
छलकने तक!

52. जंगल से गुजरते हुए

जंगल से गुजरते हुए
तेज कड़ी धूप में
बिल्कुल सूखी पगडंडी में
अचानक मिलता है
एक ठूंठ से टंगा मिट्टी का
पानी भरा कसोरा
पीठ पर रखे
एक दोस्त के हाथ की तरह

अनजान चिड़ियों को दिलासा देते हुए कि
घाम के हैं चार दिन, बस

सूखे जंगल के काफी अंदर
दिखता है सूखी मिट्टी का बड़ा ढेर
और उसके पार फटती दरकती हुई जमीन पर
एक सूखा तालाब
मौन प्रतीक्षा में बारिश की
प्रार्थना में रत
बड़े धैर्य से

जैसे हम करते हैं
जीवन के झुलसे,
प्रेम रहित दिनों में
प्रार्थना ईश्वर से

53. राउत नाचा*

गांव के मांझा खोल में
राउत नाचता है
काला भुजंग, तगड़ा

सफेद कौड़ियों से सजा
लाल जैकेट है,
सफेद धोती है
एक हाथ में ढाल है
दूसरे से वह छोटे छोटे घुंघरुओं से बंधी लाठी घुमाता है

ढाल खरीदी थी रायपुर से,
कुछ दरक रही है
जैकेट नई है गौंटिया ने इनाम में दी थी
कटाई के बाद,
लाठी कोसिर के जंगल से
बांस चुरा कर बनाई थी,
नाका साहब की नजर बचा कर
चार साल पहले
किसको याद है?
राउत उछलता है, वार करता है,
वार बचाता है

महानदी में बह चुके किसी पुराने युग का
दुर्धर्ष योद्धा है
तब कोई राजा था, कोई सिपाही था,
कोई गढ़ था
छत्तीसगढ़ के छत्तीस गढ़ों में कौन सा गढ़ था
रात की बनी महुआ की तेज शराब से
अब उसे याद नहीं,
मांझा खोल के इस नाचा में
अब कौन सा साल है,
कौन सा युग है
क्या मालूम?

मांदर बजता है,
नाचा में उसके पैरों के घुंघरू बजते हैं
भुजायें फड़कती हैं
महुआ से बनी मंद से आंखें चढ़ी जातीं हैं
राउत अभी राजा की सेना में सिपाही है
खांडा है, ढाल है
मांदर की थाप है
राउत नाचा युद्ध है
राउत योद्धा है

घूम कर लड़ता है
आगे जा कर, पीछे आ कर
उड़ती धूल और पैरों की धमक में भूल जाता है
कि कल सुबह से उसे फिर से पानी भरना है
उन घरों में जहां से उसे पांच पांच रुपए मिलेंगे
फिर जाना है मारवाड़ी की दुकान पर बोरा ढोने
जो देगा रुपए बीस

पर ये सब कल होगा
आज उसके हाथ में लाठी है
ढाल है,
कौड़ियों से सजी नई जैकेट है
आज राउत योद्धा है

कल वह फिर निरस्त्र होगा

*राउत छत्तीसगढ़ के आदिवासी हैं. राउत नाचा एक पारम्परिक
योद्धा नृत्य है.

54. फरवरी लाई एक छोटी सी चिड़िया

फरवरी लाई एक छोटी सी चिड़िया
मेरी दीवार पर
सूखे पत्ते मेरे दालान में
एक नीला आकाश ऊपर
और मेरे मन में

फरवरी में फूल खिले गेंदे के
गुड़हल के
मेरी क्यारी में

हवा में
कुछ प्यारा सा बह कर आया
कहीं दूर बर्फ गिरी कपास सी सफेद
बेटे के देश में
ठंडक हुई
इसलिए मेरे मन में

गिरे पत्ते, चमकते आकाश और दाना खाती चिड़िया से
थोड़ी देर
सिलवटें संवरी
मेरे मन की

55. चोंच भर सुबह

सुबह उठता हूं
आहट लेता हूं
छोटी चिड़िया की
कहां से बोल रही है,
सुनता हूं,

सूखी चंपा में फिर से आई पत्तियां
कितनी हुईं
गिनता हूं

दूध उठाता हूं
गुड़हल के अनेक खिले फूलों में से सिर्फ
एक फूल तोड़ता हूं
बीते कल की खबरों से भरा अखबार
नहीं उठाता

हरी पत्तियों के ऊपर
चमकते आसमान के नीचे बैठता हूं थोड़ी देर

सुबह सुबह एक फूलचुहकी चिड़िया
जितना रस लेती है एक फूल से
इस सुबह को
बस उतना ही
चोंच भर पी ले लेता हूं

56. एक नदी बेआवाज

इतनी सारी तरलता पड़ी है सूखे बियाबान में
नदी फैली हुई है सूखी कड़ी जमीन में
कांटों वाले पेड़ों और
गर्मी से काली पड़ी चट्टानों के बीच
बिना कुछ बोले या मांगे
बह रही है
चिलचिलाती धूप में
लू से झुलसते हुए

बेआवाज ऐसी
कि पता भी नहीं चलता
यहां कांटो वाले जंगल में
इतना सारा पानी ले कर
बह रही है कोई नदी!

ठीक ऐसे ही
पता ही नहीं चलता
सूखी आंखों और कठोर चेहरों से
खाचखच भरी इस दुनिया में
किसी के बहुत पास न आने तक
कि बहती तो यहां भी है
तरलता और ठंडक लिए
एक नदी बेआवाज
मेरे और तेरे सीने में
प्रेम से लबरेज़

57. कोई तो बात है

फिर जियेंगे कैसे
घने और कातिल अंधेरे में
बंद होने के बावजूद
अगर सीखें नहीं हम
अपने डरे और धड़कते सीनों में
पालना
चांदनी के फूट पड़ने की आशा को
एक बेतरह डरी चिड़िया की तरह?

एक लम्बा वक्त निकलने के बावजूद
बिल्कुल सुनसान और उजाड़ राह पर,
जिसमे दूर तक दिखता हो
पर कोई भी न दिखता हो
तो,
गर न रक्खें उम्मीद कि अगले ही पल आएगा
एक रहबर ए कामिल
तो लेंगे कैसे हम अपनी अगली ही सांस
इस बियांबां में?

कोई तो बात है
कुछ तो जादू है उसमें
कि जी ही जाते हैं
अंधेरे और अकेलेपन के अपने अपने
घने जंगलों में,
गहरे कुँओं में हम सब

एक छोटी सी, बहुत छोटी सी
रोशनी के सहारे

58. जरा का तीर

भूख एक मां की गाली होती है
उस देश पर
जहां एक भी आदमी भूख में चूहा खाता है,
जहां हजारों टन अनाज गोदामों में सड़ता है
जहां गेहूं महंगी शराब में बदल जाता है
जहां एक महंगी दुकान के महंगे पान की कीमत
भूख से बिलबिलाते एक अभागे के
एक टाइम के खाने से ज्यादा होती है

भूख एक लानत होती है
उस पूरे शहर पर
जिसके किसी भी कोने में
अपनी कुरूपता में
गंदे बड़े नाखूनों से
नोचती है भूख
कुछ अभागे इंसानी रूहों की आंतें
और फाड़ देती है
उनके आदमी होने का भ्रम

जबकि शहर का मेला झूमता गाता
किसी भौंडे डीजे की भौंडी धुन पर नाचता
चलता रहता है
टनों जूठन बिखेरता हुआ

भूख ईश्वर के चरणों में बिंधा
जरा* का तीर है
जिससे अनंत काल तक रिसता है
एक जहरीला मवाद

(*जरा उस व्याध का नाम था जिसने श्रीकृष्ण के पावों में तीर मार
दिया था.)

59. अनलिखे पत्र

नहीं लिख पाया मैं कोई पत्र
अपने बच्चों को बताने के लिए
कि मैं कितना शर्मिंदा हूं
उन एक एक बातों के लिए
जिनसे मैंने उनका दिल दुखाया

पत्नी को,
कि बहुत कृतज्ञ हूं
बंजर में उगी नरम दूब की तरह
साथ रहने के लिए,
और सहने के लिए

उन सभी शिक्षकों को
जिन्होंने ने मुझे कभी पीटा नहीं
उन दिनों जब मैं था पूरी तरह असहाय
कठिन जीवन से पार पाने में असमर्थ

उन चंद दोस्तों को,
जिन्होंने अपने मामूली से जेब खर्च से भी
कभी समोसे और कभी चाय पिलाई मुझे
मेरी कस कर दबा रखी भूख को
भांपते हुए

कभी लिख नहीं पाया कोई पत्र
उड़ते सफेद बादलों को,
गांव के तालाबों को,
पेड़ों को
जिन्हे देख देख कर भूल जाता था मैं
उन सभी बातों को कुछ देर
जिन पर मैं रो सकता था देर तक

उन मोटी मोटी किताबों के
लेखकों को,
जो उड़ा ले जाते थे मुझे
बर्लिन, मास्को या न्यूयॉर्क के रास्तों, मैदानों
और नदियों तक
तब, जब कि छत्तीसगढ़ के एक देहात में
एक कोने में बैठा रहता था मैं जमीन पर
उन्हें पढ़ते हुए

जिन्होंने दिल दुखाया मेरा बेतरह
जान कर या अनजाने में,
उन सब को भी नहीं लिखा
कि भाई, माफ किया तुमको
क्योंकि मुझे भी चाहिए माफियां
बहुत से लोगों से बहुत सारी बातों की

सच, नहीं लिख पाया
कई कई पत्र
पर अब
जब विदा की तैयारियां हैं
एक दिन लिख ही दूंगा

जिस दिन बादल साफ हों
चांद निकला न हों
और दिल में थोड़ा सुकून हो
तो देखना
आकाश गंगा के चमकते तारों में
लिखा होगा मेरा बहुत बहुत प्यार
तुम सबको

पूरी पूरी दुनिया को

संक्षिप्त परिचय

जन्म 1957, छत्तीसगढ़. भौतिकशास्त्र में स्नातकोत्तर. भारतीय स्टेट बैंक से उप-महाप्रबंधक पद से सेवा निवृत्त.

कादम्बिनी, वागर्थ, सदानीरा, समकालीन भारतीय साहित्य आदि में कई कवितायें प्रकाशित. अंग्रेजी में एक किताब 'पेपर बोट राइड' भी प्रकाशित.

सम्पर्क: Sidd58@Yahoo.com

90-91, सन सिटी, महालक्ष्मी नगर,इंदौर, म प्र 452010

www.ingramcontent.com/pod-product-compliance
Lightning Source LLC
Chambersburg PA
CBHW031305130726
47988CB00007B/2730